AF462904

VILLE DE PARIS

DIRECTION DES TRAVAUX

SERVICE DES BEAUX-ARTS

EXPOSITION DE 1877

LISTE
DES
OEUVRES D'ART EXPOSÉES
PAR LA VILLE DE PARIS
A L'ÉCOLE DES BEAUX-ARTS
(SALLE MELPOMÈNE)

Juillet 1877

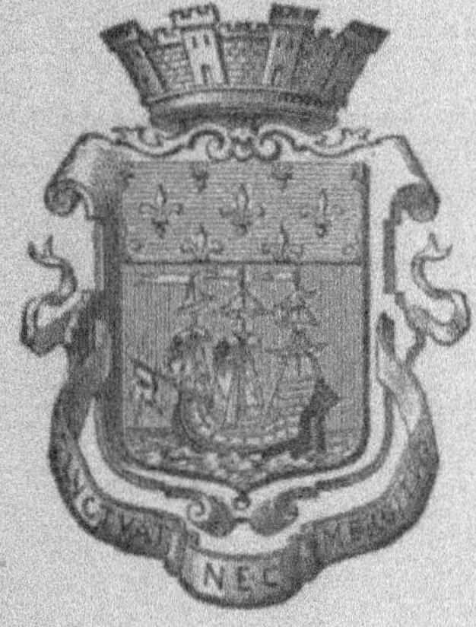

PARIS
IMPRIMERIE CENTRALE DES CHEMINS DE FER
A. CHAIX & Cie
RUE BERGÈRE, 20, PRÈS DU BOULEVARD MONTMARTRE.
1877.

AVIS.

L'Exposition sera ouverte tous les jours, de 11 heures à 5 heures, à partir du 19 juillet jusqu'au 26 du même mois.

L'entrée sera gratuite.

Cette Exposition comprend diverses œuvres d'art commandées par la Ville de Paris et le Département de la Seine, les acquisitions de sculptures faites au Salon de 1877, et quelques tableaux anciens restaurés depuis la dernière Exposition.

VILLE DE PARIS.

MM.

Ferdinand DUVAL, O. ✻, Préfet du Département de la Seine, Membre du Conseil supérieur des Beaux-Arts.

E. TAMBOUR, ✻, Secrétaire général.

COMMISSION DES BEAUX-ARTS

ET

DES TRAVAUX HISTORIQUES

MEMBRES DE DROIT :

MM.

FERDINAND DUVAL, Préfet de la Seine, O. ❋, *Président*.

ALPHAND, C. ❋, Directeur des Travaux de Paris, 1er *Vice-Président*.

DUC, C. ❋, Membre de l'Académie des Beaux-Arts (section d'Architecture), 2e *Vice-Président*.

BAILLY, O. ❋, Membre de l'Académie des Beaux-Arts (section d'Architecture), Inspecteur général honoraire du Service d'Architecture.

MAGNE, ❋, Inspecteur général honoraire du Service d'Architecture.

BALLU, O. ❋, Membre de l'Académie des Beaux-Arts (section d'Architecture), Inspecteur général honoraire du Service d'Architecture.

DAVIOUD, ❋, Inspecteur général honoraire du Service d'Architecture.

MICHAUX, ❋, Chef de la Division des Beaux-Arts.

TISSERAND, I. ✿, Inspecteur principal du Service historique, *Secrétaire.*

MEMBRES NOMMÉS :

MM.

JOBBÉ-DUVAL, ❋, Membre du Conseil municipal.

VIOLLET-LE-DUC, C. ❋, id.

BEUDANT, ❋, id.

ÉMILE PERRIN, O. ❋, ancien Membre du Conseil municipal.

BONNAT, O. ❋, Artiste peintre.

CABANEL, O. ❋, Membre de l'Académie des Beaux-Arts (section de Peinture).

HÉBERT, C. ❋, id.

GUILLAUME, C. ❋, Membre de l'Académie des Beaux-Arts (section de Sculpture), Directeur de l'École des Beaux-Arts.

JOUFFROY, O. ❋, Membre de l'Académie des Beaux-Arts (section de Sculpture).

CAVELIER, O. ❋, Membre de l'Académie des Beaux-Arts (section de Sculpture).

Paul DUBOIS, O. ❋, id.

CHAPU, O. ❋, Statuaire.

Henriquel DUPONT, O. ❋, Membre de l'Académie des Beaux-Arts (section de Gravure).

Marquis de CHENNEVIÈRES, O. ❋, Directeur des Beaux-Arts au Ministère de l'Instruction publique et des Beaux-Arts.

De LONGPÉRIER, O. ❋, Membre de l'Académie des Inscriptions et Belles-Lettres.

Léopold DELISLE, ❋, id.

HAURÉAU, O. ❋, id.

DU SOMMERARD, G. O. ❋, Directeur du Musée de Cluny.

REISET, O. ❋, Directeur des Musées nationaux.

COCHERIS, ❋, Inspecteur général de l'Instruction publique.

ORGANISATEURS DÉLÉGUÉS :

MM.

MICHAUX, ❋, Chef de la Division des Beaux-Arts à la Préfecture de la Seine.

BOUVARD, Architecte-Inspecteur, chargé des travaux d'installation.

EXPLICATION

DES OUVRAGES DE PEINTURE, VITRAUX, SCULPTURE,
GRAVURE EN MÉDAILLES, GRAVURE EN TAILLE-DOUCE
EXPOSÉS A L'ÉCOLE DES BEAUX-ARTS.

Juillet 1877

PEINTURE

PEINTURE

BELLANGER (Camille-Félix), né à Paris. — Élève de M. Cabanel. — Méd. 2e cl. 1875.

Rue Boutarel, 1.

1. — **La Transfiguration**. (H. 2m,70, L. 2 mètres.)

Table u pour l'Église de Dugny.

BERTRAND (James), né à Lyon (Rhône). — Élève de Périn. — Méd. 3e cl. 1861. — Rap. 1863. — Méd. 1869. — ✻ 1876. — H. C.

Boulevard du Montparnasse, 161.

2. — **L'Éducation de la Vierge**. (H. 2m,60. L. 1m,75.)

Tableau pour l'Église Saint-Louis-d'Antin.

CHARTRAN (Théobald), né à Besançon (Doubs). — Élève de M. Cabanel. — Méd. 3e cl. 1877.

Rue de l'Université, 11.

3. — **Saint Saturnin, martyr**. (H. 4m,20. L. 5m,70.)

Toile destinée à être marouflée dans le chœur de l'Église de Champigny-sur-Marne.

DUMAS (Michel), né à Lyon (Rhône). — Élève de Ingres. — Méd. 3e cl. 1857. — Rap. 1861. — 1re cl. 1863. — H. C.

Rue des Saints-Pères, 10.

4. — **Consolatrix afflictorum.**

5. — **Mater dolorosa**.

Esquisses pour la décoration de la chapelle de Notre-Dame des Sept-Douleurs, à l'Église de la Trinité.

DUPAIN (Edmond-Louis), né à Bordeaux (Gironde). — Élève de M. Cabanel. — Méd. 3e cl. 1875. — 1re cl. 1877. — H. C.

Rue de Fleurus, 27.

6. — **Saint Gervais et saint Protais conduits au martyre.** (H. 2m,55. L. 2 mètres.)

Tableau pour l'Église de Pierrefitte.

FRANÇAIS (François-Louis), né à Plombières (Vosges). — Élève de Corot et de Jean Gigoux. — Méd. 3e cl. 1841. — 1re cl. 1848. — ✱ 1853. — Méd. 1re cl. 1855 (E. U.). — 1re cl. 1867 (E. U.). — O. ✱ 1867. — H. C.

Boulevard du Montparnasse, 139.

7. — **Le Baptême du Christ.**

8. — **Adam et Ève chassés du Paradis terrestre.**

Esquisses pour la chapelle des Fonts baptismaux, à l'Église de la Trinité.

GARNIER (Jules-Arsène), né à Paris. — Élève de M. Gérôme. — Mention honorable 1875.

Rue Carnot, 6.

9. — **Mater dolorosa**. (H. 2^m,75. L. 1^m,50.)

Tableau pour l'Église de la Courneuve.

GLAIZE (Pierre-Paul-Léon), né à Paris. — Élève de son père et de M. Gérôme. — Méd. 1864, 1866 et 1868. — H. C.

Rue de Vaugirard, 95.

10. — **Saint François-Xavier parcourant les rues de Goa pour appeler les enfants et les esclaves au catéchisme.**

11. — **Exposition du corps de saint François-Xavier dans la cathédrale de Goa.**

Esquisses pour la décoration de la chapelle Saint-François-Xavier, à l'Église Saint-Merri.

HUSSENOT (Joseph), né à Metz. — Élève de son père et de l'École des beaux-arts.

Rue Saint-Louis, à Versailles, 11.

12. — **Jésus sur la croix.** (H. 0m,80 L. 0m58.)

Tableau en lave émaillée pour le Chemin de Croix de l'Église Notre-Dame de la Croix.

13. — **Jésus tombant sous la croix.**

14. — **Jésus dépouillé de ses vêtements.**

15. — **Jésus descendu de la croix.**

16. — **Jésus porté au tombeau.**

Aquarelles destinées à être également reproduites en lave émaillée, pour le même Chemin de Croix.

JOBBÉ-DUVAL (Félix), né à Carhaix (Finistère). — Élève de P. Delaroche et de Gleyre. — Méd. 3e cl. 1851. — Rap. 1857. — ✻ 1861. — H. C.

Rue Carcel, 8, à Vaugirard.

17. — **L'Octroi de Paris.** (H. 1m,90. L. 1m,20.)

Tableau destiné à la décoration de la salle du Conseil d'administration de l'Octroi. — (Bâtiment annexe, place de l'Hôtel-de-Ville.)

LAUGÉE (François-Désiré), né à Maromme (Seine-Inférieure). — Élève de Picot. — Méd. 3e cl. 1851. — 2e cl. 1855 (E. U.). — Rap. 1859. — 1re cl. 1861. — Rap. 1863. — ✻ 1865.

Boulevard Lannes, 15 bis.

18. — Le Baptême de Clovis. (H. 3m64. L. 2m11.)

19. — Sainte Clotilde secourant les pauvres. (H. 3m,64. L. 2m,11.)

Cartons pour la décoration de la chapelle Sainte-Clotilde, à l'Église de ce nom.

MAILLART (Diogène-Ulysse-Napoléon), né à la Chaussée-du-Bois-de-l'Écu (Oise). — Élève de Cornu et de M. L. Cogniet. — Prix de Rome 1864. — Méd. 1870. — Méd. 2e cl. 1873. — H. C.

Rue d'Assas, 68.

20. — La Mort de sainte Monique. (H. 4m. L. 2m84.)

Tableau pour l'Église Saint-Augustin.

MATOUT (Louis), né à Charleville (Ardennes). — Méd. 3e cl. 1853. — Rap. 1857. — ✻ 1857. — H. C.

Rue Notre-Dame des Champs, 58-60, passage Stanislas, 11.

21.— Saint Jacques le Majeur, apôtre, allant au supplice. (H. 7m,38. L. 3m,97.)

22.— Dispute de saint Jacques avec les Docteurs (H. 7m,38. L. 3m,97.)

Toiles destinées à être marouflées dans la chapelle Saint-Jacques, à l'Église Saint-Merri.

PHILIPPOTEAUX (Paul), né à Paris. — Élève de MM. Philippoteaux, L. Cogniet et Cabanel.

Rue d'Assas, 116.

23.— La Résurrection du Christ. (H. 2m,80. L. 1m,95.)

Tableau pour l'Église de Montreuil (Seine).

PONSAN (ÉDOUARD-BERNARD DEBAT), né à Toulouse (Haute-Garonne). — Élève de M. Cabanel. — Méd. 2e cl. 1874.

Rue du Cherche-Midi, 44.

24. — Saint Paul devant l'Aréopage.
(L. 2m,80. H. 3m,50.)

Tableau pour l'Église de Pierrefitte

TIMBAL (LOUIS-CHARLES), né à Paris. — Élève de Drolling. — Méd. 2e cl. 1848. — Rap. 1857 et 1859. — Méd. 1re cl. 1861. — ✻ 1864. — H. C.

Rue de l'Abbaye, 13.

25. — La Théologie assise sur un trône et tenant sur ses genoux la sainte Bible ouverte. A gauche et à droite, les grands Docteurs, gloires de la France et de l'École de Paris.

26. — Le Christ au tombeau, entouré de figures symbolisant la Foi qui soutient la Raison et guide l'Imagination. Au fond le Doute qui s'éloigne. Au-dessous, de chaque côté de la porte, deux figures : Labor et Humilitas.

Esquisses des peintures murales exécutées dans l'Église de la Sorbonne, de compte à demi aux frais de l'État et de la Ville.

TABLEAUX ANCIENS RESTAURÉS DEPUIS LA DERNIÈRE EXPOSITION.

DE TROY (Jean-François). — École Française. — Né à Paris, 1679. — Élève de son père. — Reçu académicien 1708. — Directeur de l'Académie de France à Rome 1738. — Mort à Rome en 1759.

27. — Ex Voto: Au premier plan, le Prévôt des marchands et les Échevins, agenouillés, implorent sainte Geneviève pour la cessation de la disette de 1725. Au-dessus, à gauche, la France, vêtue du manteau fleurdelisé, adresse ses prières à la sainte qui est agenouillée dans le ciel. (H. 5^{m},50. L. 4^{m}30.)

Ce tableau provient de l'ancienne abbaye de Sainte-Geneviève, où il fut placé le 17 juillet 1726. Il avait été peint à la demande de Pierre-Antoine de Castagnère, marquis de Chateauneuf, *Prévôt des marchands et de* Étienne Laurent, Mathieu Goudin, Jean Hébert, Jean-François Rouquet, Jacques Corps *et* Nicolas Moheu, *Échevins de la ville de Paris.*

HEIM (François-Joseph), né à Belfort (Haut-Rhin), en 1787. — Élève de Vincent. — Grand prix de Rome 1807. — Méd. 1re cl. 1812, 1817. — ✻ 1825. — M. de l'Institut 1829. — O. ✻ 1855. — G. méd. d'hon. 1855. — Mort 1865.

28. — **Le Martyre de saint Hippolyte.**
(H. 6m. L. 3m,90.)

29. — **Saint Hyacinthe ressuscitant un jeune homme mort** (H. 6m. L. 3m,90.)

Ces tableaux avaient été commandés pour l'Église cathédrale de Notre-Dame de Paris. Ils ont figuré au Salon en 1822 et 1827.

LEBRUN (Charles), né à Paris, 1619. — Membre fondateur de l'Académie en 1648. — Mort 1690.

30. — **Jupiter et Hébé.** (H. 2m,90. L. 3m,65.)

Tableau provenant de l'ancien hôtel Dangeau, démoli pour la construction de la Synagogue de la rue des Tournelles (IVe arr.).

NATOIRE (CHARLES-JOSEPH). — École française. — Né à Nîmes en 1700. — Élève de Galloche et de Lemoyne. — Prix de Rome en 1701. — Membre de l'Académie de peinture 1734. — Mort en 1777.

31. — Les Vendeurs chassés du Temple.
(H. 2^m,45. L. 3^m,44.)

Ce tableau, peint pour l'Église Saint-Sulpice, a été donné sous le premier Empire (lors de la réouverture des édifices religieux) à l'Église des Missions étrangères. Il a fait retour en 1876 aux magasins de la Ville.

RESTOUT (JEAN). — École Française. — Né à Caen en 1692. — Élève de Jouvenet. — Professeur, Directeur et Chancelier (1762) de l'Académie de peinture. — Mort en 1768.

32. — La Nativité de la Vierge. (H. 3^m,45. L. 2^m,67.)

Ce tableau, qui a été exposé au Salon de peinture de 1745, fut placé primitivement au séminaire Saint-Sulpice. Il a été ensuite donné à l'Église des Missions étrangères, sous le premier Empire. Il a fait retour en 1876 aux magasins de la Ville.

(Ces cinq tableaux viennent d'être restaurés par M. Charles Maillot.)

SCULPTURE

SCULPTURE

CHAPU (Henri-Michel-Antoine), né au Mée (Seine-et-Marne). — Élève de Pradier, de Duret et de M. Léon Cogniet. — Prix de Rome 1855. — Méd. 3e cl. 1863; — Méd. 1865 et 1866. — ✻ 1867. — O. ✻ 1872. — Méd. d'honneur 1875. — Méd. d'honneur 1877. — H. C.

Rue Notre-Dame-des-Champs, 28.

33. — Le Semeur.

Statue en bronze prêtée par l'État à la Ville de Paris, pour être placée dans le parc Monceaux pendant la durée de l'Exposition universelle de 1878.

CHATROUSSE (Émile), né à Paris. — Élève d'Abel de Pujol et de Rude. — Méd. 3e cl. 1863, 1864, 1865. — H. C.

Rue Notre-Dame-des-Champs, 115.

34. — Achille de Harlay.

Buste en marbre destiné à la décoration du Palais de Justice.

35. — La Marquise de Sévigné.

Terre cuite destinée à la bibliothèque de l'hôtel Carnavalet.

CHEDEVILLE (Léon), né à Rosay (Eure). — Élève de M. A. Millet. — Gr. prix de l'Union centrale des Beaux-Arts appliqués à l'Industrie, 1876.

Rue Notre-Dame-des-Champs, 66.

36. — Vase décoratif.

Modèle en plâtre destiné à être reproduit en bronze.

DAMÉ (Ernest), né à Saint-Florentin (Yonne). — Élève de Duret et de MM. Lequesne, Guillaume et Cavelier. — Méd. 2me cl. 1875.

Rue de l'Abbaye, 13.

37. — Fugit amor!

La pauvre fleur disait au papillon céleste :
Ne fuis pas!
Vois comme nos destins sont différents : je reste;
Tu t'en vas!

(Victor Hugo. *Chants du crépuscule*, xxvii).

Groupe en plâtre destiné à être exécuté en bronze pour la décoration d'un square.

DÉBUT (Didier), né à Moulins (Allier). — Élève de David d'Angers. — 1er second grand prix de Rome, 1851. — Mention honorable 1857.

Rue du Chemin-Vert, 76.

38. — Rollin.

Statue en plâtre qui doit être exécutée en pierre pour être placée dans la cour du nouveau collége Rollin.

DING (Henri-Marius), né à Grenoble (Isère). — Élève de MM. Irvoy et E. Hebert. — Méd. 3me cl. 1877.

A Grenoble, rue de Villars, 5, et à Paris, rue du Val-de-Grâce, 6.

39. — Enfant à la source.

Statue en plâtre destinée à être exécutée en bronze pour la décoration d'un square.

DUBRAY (Vital-Gabriel), né à Paris. — Élève de Ramey frères. — Méd. 3me cl. 1844. — ✻ 1857. — O. ✻ 1865. — H. C.

Rue du Ranelagh, 37, à Passy.

40. — Moïse.

41. — Élie.

Statues en pierre destinées à la façade de l'Église de la Sorbonne.

GIRARD (Noel-Jules), né à Paris. — Élève de David d'Angers et de Petitot. — Méd. 2me cl. 1852.

Rue de Rocroi, 23.

42. — Iphigénie sacrifiée.

Statue en marbre donnée par l'auteur à la Ville de Paris et destinée à la décoration du théâtre du Châtelet.

GUMERY (feu Charles-Alphonse), né à Paris en 1827. — Prix de Rome 1850. — Méd. 3me cl. 1855. — 2me cl. 1857. — Rap. 1859 et 1863. — Méd. 1re cl. 1867 (E. U.). — ✻ 1867. — Mort en 1873.

43. — Le Faucheur.

Statue en bronze prêtée par l'État à la Ville de Paris, pour être placée dans le parc Monceaux pendant la durée de l'Exposition universelle de 1878.

LAFRANCE (Jules-Isidore), né à Paris. — Élève de Duret et de M. Maillet. — Prix de Rome 1870. — Méd. 1re cl. 1874. — H. C.

44. — Mathieu Molé.

Buste en marbre destiné à la décoration du Palais de Justice.

LA VINGTRIE (Paul-Armand de), né à Paris. — Élève de MM. Guillaume et Cavelier. — Méd. 1re cl. 1876. H. C.

Rue de Grenelle-Saint-Germain, 47.

45. — Le Charmeur.

Statue en bronze destinée à la décoration du parc Monceaux.

LEENHOFF (Ferdinand), né à Zalt-Bommel (Pays-Bas). Élève de M. Mezzara. — Méd. 1869, — 2e cl. 1872, — ✻ 1872. — H. C.

Boulevard d'Enfer, 97.

46. — Biblis changée en Source.

Statue en plâtre destinée à être exécutée en marbre pour la décoration d'un édifice municipal.

LENOIR (Alfred), né à Paris. — Élève de MM. Guillaume et Cavelier. — Méd. 2e cl. — 1874. 1re cl. 1875. — H. C.

A l'École des Beaux-Arts, rue Bonaparte, 14, et avenue du Maine, 24-26 ; impasse du Maine, 3 bis.

47. — Le Christ au tombeau.

Bas-relief en marbre pour l'Église Saint-François-Xavier.

LE PÈRE (Alfred-Édouard-Adolphe), né à Paris. — Élève de Toussaint et de M. A. Dumont. — Prix de Rome 1852. — Méd. 3e cl. 1859. — Rap. 1863. — Méd. 1865. — ✻ 1870. — H. C.

Rue de la Grande-Chaumière, 1.

48. — La Vierge.

Statue en marbre destinée à la décoration de l'Église Notre-Dame-des-Champs.

MOREAU-VAUTHIER (Augustin-Jean), né à Paris. — Élève de Toussaint. — Méd. 1865, — méd. 2e cl. 1875. — H. C.

Rue Notre-Dame-des-Champs, 66 bis.

49. — Néréide.

Statue en marbre destinée à la décoration d'un édifice municipal.

MORICE (Léopold), né à Nîmes (Gard). — Élève de M. Jouffroy. — Méd. 2e cl. 1875.

Rue du Faubourg-Saint-Denis, 23.

50. — Hylas.

Statue en bronze destinée à la décoration du parc Monceaux.

PERRAUD (feu JEAN-JOSEPH), né à Monay (Jura). — Élève de Ramey et de M. A. Dumont. — Prix de Rome, 1847. — Méd. 1re cl. 1855 (E. U.) — Rap. 1857. — ✻ 1857. — Méd. d'honneur, 1863. — Membre de l'Institut 1865. — Méd. d'honneur 1867 (E. U.) — O. ✻ 1867. — Méd. d'honneur 1869. — H. C. — Mort 1876.

51. — L'Enfance de Bacchus.

Groupe en bronze destiné à la décoration d'un square ou d'un édifice municipal.

SCHOENEWERK (ALEXANDRE), né à Paris. — Elève de David d'Angers, de Jollivet et de Triqueti. — Méd. 3e cl. 1845. — 1re cl. 1861. — Rap. 1863. — ✻ 1873. — H. C.

Rue de Fleurus, 27.

52. — Palais de Justice. — Tympan de la baie de communication entre la galerie marchande et la salle des Pas-Perdus. — Réfection du bas-relief de Leconte.

(*Ce bas-relief, qui avait été en partie détruit dans l'incendie du Palais de Justice, en 1871, porte la date de 1782, et représente un écusson entre deux figures symboliques : le Commerce et la Vigilance.*)

SOLDI (Émile), né à Paris. — Élève de Farochon et de MM. Lequesne et A. Dumont. — Gr. prix de Rome 1869. — Méd. 3e cl. 1873.

Rue de Bruxelles, 30.

53. — Paris.

Fluctuat nec mergitur.

Statue en plâtre destinée à être exécutée en bronze, pour la décoration d'un édifice municipal.

TURCAN (Jean), né à Arles (Bouches-du-Rhône). — Élève de M. Cavelier. — 2e Gr. prix de Rome 1876.

Avenue du Maine, 30.

54. — Houdon.

Buste en plâtre devant être exécuté en marbre et placé dans la ville de Sceaux.

CHAPU (Henri-Michel-Antoine). Né au Mée (Seine-et-Marne). — Élève de Pradier, de Duret et de M. Léon Cogniet. — Prix de Rome 1855. — Méd. 3e cl. 1863. — Méd. 1865 et 1866. — ✻ 1867. — O. ✻ 1872. — Méd. d'honneur 1875. — Méd. d'honneur 1877. — H. C.

Rue Notre-Dame-des-Champs, 28.

33 *bis*. — **La Sécurité.**

Statue assise en pierre pour l'escalier principal de la Préfecture de police.

GRUYÈRE (Théodore-Charles). — Né à Paris. — Élève de Ramey et de M. A. Dumont. — Méd. 3e cl. 1836. — Prix de Rome 1839. — Méd. 2e cl. 1843. — 1re cl. 1846. — Rap. 1857. — ✻ 1866. — Méd. 2e cl. 1867 (E. U.). — H. C.

43 *bis*. — **La Vigilance.**

Statue assise en pierre pour l'escalier principal de la Préfecture de police.

GRAVURE
EN MÉDAILLES

GRAVURE

EN MÉDAILLES

—

DEGEORGE (Charles-Jean-Marie), né à Lyon (Rhône). — Élève de H. Flandrin, de Duret et de M. Jouffroy. — (*Gravure en médaille*), Prix de Rome 1866. — (*Sculpture*), Méd. 2e cl. 1872, et 1re cl. 1875. — H. C.

Rue d'Assas, 68.

55. — Médaille commémorative de la construction de l'Église Saint-Pierre de Montrouge.

Modèle en plâtre de l'intérieur de l'Église.

56. — Même médaille. — Réduction dudit modèle (*avers*), et cliché du *revers* représentant les armes de la Ville et le plan de l'Église.

LAGRANGE (Jean), né à Lyon. — Élève de Vibert et de H. Flandrin. — Prix de Rome 1860. — Méd. 3e cl. 1874.

Boulevard Saint-Michel, 141.

57. — Médaille commémorative du Palais de Justice (modèles en bronze).

Avers et revers.

58 — { **Même médaille.** (Epreuve bronze de l'avers).
{ **Idem.** (Epreuve du revers).

GRAVURE
EN TAILLE-DOUCE.

GRAVURE

EN TAILLE-DOUCE

DANGUIN (JEAN-BAPTISTE), né à Frontenas (Rhône). — Élève de Vibert, d'Orsel et de M. Henriquel-Dupont. — (*Taille-douce*), méd. 3e cl. 1863; — méd. 1868; — méd. 1re cl. 1872. — H. C.

A Lyon, au Palais des Arts, et à Paris, chez M. Carpentier, rue Halevy, 6.

59. — Clio gesta canens.

Pendentif. — Epopée et Histoire. — L'Épopée, appuyée sur sa lyre, jette des couronnes au son de la fanfare. L'Histoire grave sur l'airain les faits que lui dicte un Génie.

Pénétration. — Enfant écrivant ce qu'il cherche à voir de haut et de loin.

60. — Sanantur medicina morbi.

Pendentif. — Médecine. Un médecin tient la main d'une malade dont une sœur soutient la tête. Un élève prend note des prescriptions. — Enfants étudiant la botanique, d'autres l'anatomie.

Pénétration. — Enfant pansant la patte d'un chien.

61. — Virtus Deo proxima caritas.

Pendentif. — Charité et enseignement. Prêtre recueillant un nouveau-né abandonné. Sœurs de Charité se livrant aux soins de l'éducation et de l'enseignement.

Pénétration. — Enfant portant une table de marbre ornée d'une guirlande avec l'inscription : Sancto Vincentio à Paulo.

62. — Permovet, delectat, docet.

Pendentif. — Eloquence. Orateur parlant au milieu d'un auditoire attentif et ému.

Pénétration. — Enfant rhéteur se débattant dans des liens inextricables.

(*Gravures d'après les peintures de M. Lehmann, dans la galerie des Fêtes de l'ancien Hôtel de Ville.*)

HAUSSOUILLIER (William), né à Paris. — (*Taille-douce*), Méd. 1866.

Boulevard Suchet, 16.

63. — L'Assomption de sainte Marie l'Égyptienne.

64. — Saint Zozime racontant la vie de sainte Marie l'Egyptienne à ses moines.

(*Gravures d'après les peintures exécutées par Chasseriau, dans la chapelle Sainte-Marie l'Égyptienne, à l'Église Saint-Merri.*)

JACQUET (Jules), né à Paris. — Prix de Rome. 1866. — Méd. 2e cl. 1875; — Rap. 1876. — H. C.

Rue Poisson, 8.

65. — Ex voto de Largillière. — Le Prévot des marchands, les Échevins et les Officiers du corps de ville, en habits de cérémonie, implorent sainte Geneviève pour la cessation de la famine.

(*Gravure d'après le tableau exécuté en 1694, par ordre de* C. Bosc, *Prévôt des marchands, pour l'abbaye de Sainte-Geneviève et qui décore actuellement l'Église Saint-Étienne-du-Mont.*)

LEVASSEUR (Jules-Gabriel), né à Paris. — Élève de MM. Girard et Henriquel-Dupont. — (*Taille-douce*), Méd. 1867. — Méd. 2e cl. 1877.

Rue du Cherche-Midi, 98.

66. — Committit pelago rates.

Pendentif. — Navigation et Commerce. — Les voiles sont hissées, les marchandises chargées. Le nautonier interroge du regard l'état du ciel.

Pénétration. — Enfant assis sur un dauphin et tenant caducée et trident.

67. — Industria objice acrior.

Pendentif. — Entourée de machines, l'Industrie examine des plans et tient maîtrisée sous ses genoux une figure symbolisant la Vapeur. Des deux côtés les divers Métiers lui offrent leurs instruments de travail et leurs matières premières.

Pénétration. — Enfant emporté sur une chimère lançant feu et flammes.

(*Gravures d'après les peintures de* **M.** *Lehmann, dans les galeries des Fêtes de l'ancien Hôtel de Ville*).

MORSE (ACHILLE), né à Paris. — Élève de J. Nargeot. — (*Taille-douce*), Méd. 1867. — Méd. 1re cl., 1874. — H. C.

Boulevard de Magenta, 156.

68. — Tres una vigent artes.

Pendentif. — L'Architecture est assise l'équerre à la main ; sur ses genoux s'appuie la Sculpture portant la statue de Minerve. La Peinture la tient fraternellement embrassée.

Pénétration. — Trois enfants se tenant embrassés puisent à la source du Beau.

(*Gravures d'après les peintures de M. Lehmann, dans les galeries des Fêtes de l'ancien Hôtel de Ville.*)

PONCET (Jean-Baptiste), né à Saint-Laurent-de-Mûres (Isère). — Élève de H. Flandrin. — (*Peinture*), Méd. 3ᵉcl.1861. — Méd. 1864. — (*Taille-douce*), Méd. 1865.

Rue Monsieur-le-Prince, 22.

69. — Naissance de l'Enfant Jésus à Bethléem. — Adam et Ève réprimandés par Dieu. — Noé, Abraham, Isaac et Melchisédec. (H. 0^{m},85, L. 1^{m}.)

70. — Baptême de Notre-Seigneur dans le Jourdain. (H. 0^{m},50, L. 0^{m},65.)

71. — Passage de la mer Rouge. (H. 0^{m},50, L. 0^{m},65.)

72. — Josué, Marie (sœur de Moïse), Jahel et Deborah. (H. 0^{m},50, L. 0^{m},65).

(*Gravures d'après les peintures de H. Flandrin, dans l'Église Saint-Germain des Prés.*)

73. — Jonas rendu au jour par un monstre marin (H. 0m,50, L. 0m,65.)

74. — Tête de saint Jean dans le Baptême du Christ. (H. 0m,50, L. 0m,65.)

75. — Marie sœur de Moïse et Salomon. (H. 0m,50, L. 0m,65.)

(Dessins pour la gravure des peintures de H. Flandrin, dans l'Église Saint-Germain-des-Prés.)

MONUMENTS PUBLICS

MONUMENTS PUBLICS

BARRIAS (Félix-Joseph), né à Paris. — Élève de M. L. Cogniet. — Prix de Rome 1844. — Méd. 3e cl. 1847. — 1re cl. 1851. — 2e cl. 1855. (E. U.) — ✻ 1859. — H. C.

Rue de Bruxelles, 34.

Eglise de la Trinité ; — Décoration de la Chapelle Sainte-Geneviève.

Sainte Geneviève ravitaillant Paris assiégé par Attila. — Pèlerinage à la châsse de sainte Geneviève.

(Peintures sur toiles marouflées.)

BEAURY-SAUREL (Mlle Irmeta), née à Barcelone (Espagne). — Élève de Mme Thoret.

Quai Bourbon, 19.

Jean-Baptiste Say.

(*Ce tableau, exécuté d'après le portrait de Decaisne, est destiné au parloir de l'École Jean-Baptiste Say, à Auteuil.*)

BONHEUR (Isidor-Jules), né à Bordeaux (Gironde). — Élève de son père. — Méd. 1865 et 1869.

Chez M. Peyrol, rue de Crussol, 14.

Palais de Justice ; Décoration de la façade :

Deux Lions couchés (figures en pierre placées au pied du grand escalier).

CAZES (Romain), né à Saint-Béat (Haute-Garonne). — Élève de Ingres. — Méd. 3e cl., 1839. — Rap. 1863. — ❋ 1870. — H. C.

Rue de Babylone, 48.

Eglise Saint-François-Xavier; — Décoration de l'Arc du Sanctuaire. — *Moïse et Aaron.*

(Peintures murales.)

DUMAS (Michel), né à Lyon. — Élève de Ingres. — Méd. 3e cl. 1857. — Rap. 1861. — 1re cl. 1863. — H. C.

Rue des Saints-Pères, 10.

Église de la Trinité; — Décoration de la Chapelle des Sept-Douleurs. — *Consolatrix afflictorum*; — *Mater dolorosa.*

(Peintures murales exécutées aux frais de Mme Oppenheim. — *La Ville a pris à sa charge les travaux de peinture de décor et les autres travaux accessoires.*)

DUMONT (Augustin-Alexandre), né à Paris. — Élève de son père et de Cartellier. — Prix de Rome, 1823. — Méd. 1re cl. 1831. — ✻ 1836. — Membre de l'Institut 1838. — O. ✻ 1855. Grande méd. d'honneur 1855, (E. U.) — C. ✻ 1870. — H. C.

Quai Conti, 25.

Église Notre-Dame-de-Lorette.

La Vierge (Statue en marbre). (Reproduction de celle qui a été brisée en 1871).

FRANÇAIS (François-Louis), né à Plombières (Vosges). — Élève de Corot et de Jean Gigoux. — Méd. 3e cl. 1841. — 1re cl. 1848. — ✻ 1853. — Méd. 1re cl. 1855. (E. U.) — 1re cl. 1867, (E. U.) — O. ✻. 1867. — H. C.

Boulevard Montparnasse, 139.

Église de la Trinité ; — Décoration de la Chapelle des Fonts baptismaux :

Adam et Ève chassés du Paradis terrestre ; — Le Baptême du Christ.

(Peintures murales.)

HIRSCH (ÉMILE), né à Metz. — Élève de H. Flandrin.

Rue Gauthey, 26 (avenue de Clichy).

Église Saint-Séverin; — Sainte Geneviève rendant miraculeusement la vue à sa mère.

(*Vitrail placé dans la chapelle Sainte-Geneviève.*)

Saint Séverin dans la gloire; — Saint-Séverin dans la solitude.

(*Vitraux placés dans la chapelle Saint-Séverin.*) — *Ces vitraux ont été exécutés aux frais de la Fabrique.*)

MAILLOT (CHARLES-DÉSIRÉ-CLAUDE), né à Paris. — Élève de M. Léon Cogniet. — ✻ 1872.

Rue du Vieux-Colombier.

Église Saint-Sulpice; — Coupole de la Chapelle de la Vierge. — *Restauration des peintures de Lemoine.*

MEUNIER (Louis), né à Solesmes (Nord).

Boulevard Saint-Jacques, 51.

Mairie nouvelle du XIIe arrondissement ; — Décoration de deux clefs de porte.

La Bienfaisance, la Justice (bas-reliefs en pierre).

MONTAGNE (Marius), né à Toulon (Var). — Méd. 1867 et 1869.

Boulevard Saint-Jacques, 57.

Mairie nouvelle du XIIIe arrondissement (place d'Italie). — **Décoration du fronton.**

Les Armes de la Ville de Paris entre deux Génies symboliques.

OUDINOT (Eugène-Stanislas), né à Alençon (Orne). — Élève d'Eug. Delacroix. — Mention honorable 1855 (E. U.). — Méd. (Exp. de Londres) 1862.

Rue de la Grande-Chaumière, 6.

Église Saint-Pierre, à Chaillot. — *L'Institution du Rosaire.* — *Les Ames du Purgatoire.* — *Vitraux exécutés pour la Fabrique.*

RIQUIER (Claude).

Rue Friant, 34 (Montrouge).

Église de Saint-Jean-Baptiste de Grenelle. — *Le Christ en croix.*

(Vitrail placé dans la sacristie.)

IMPRIMERIE CENTRALE DES CHEMINS DE FER. — A. CHAIX ET Cie,
RUE BERGÈRE, 20, A PARIS. — 11465-7.

www.ingramcontent.com/pod-product-compliance
Ingram Content Group UK Ltd.
Pitfield, Milton Keynes, MK11 3LW, UK
UKHW021004180726
13838UKWH00003B/1438